Wie es Weihnachten wurde

Erzählt von Harald Niesen
mit Bildern von Vitali Konstantinov

CARLSEN

Vor vielen Jahren herrschte in Rom ein Kaiser, der Augustus hieß. Kaiser Augustus war ein mächtiger Kaiser – auf der ganzen Welt gab es keinen mächtigeren.
Eines Tages wollte er wissen, wie viele Untertanen er in seinem Kaiserreich hatte. Er schickte also Boten aus, die überall verkünden sollten, dass sich ein jeder in seine Heimatstadt oder in sein Heimatdorf zu begeben habe, damit er gezählt werde.

Weit entfernt von Rom lebte in Israel im Dorf Nazareth der Zimmermann Joseph. Er war mit Maria verlobt und Maria war schwanger. Eines Tages kamen die Boten des Kaisers auch zu Josephs Haus und sagten: »Zieht zu eurem Geburtsort und lasst euch dort zählen! Dies ist ein Befehl des Kaisers!«

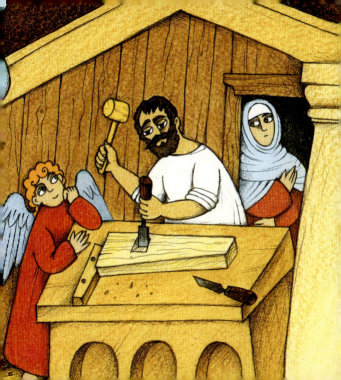

Es half ihnen nichts – Joseph und Maria mussten sich auf den langen und beschwerlichen Weg von Nazareth nach Bethlehem machen. Also bepackte Joseph einen Esel. Dann hob er Maria darauf, und so zogen sie davon.

Der Weg war lang. Von Nazareth bis Bethlehem waren mehr als zweihundert Kilometer auf dem Eselrücken zurückzulegen. Als sie endlich ihr Reiseziel erreicht hatten, war Maria am Ende ihrer Kräfte. »Oh Joseph« sagte sie, »bald ist es so weit, das Kind will kommen.

Joseph ging von Herberge zu Herberge, aber nirgendwo konnten sie eine Unterkunft finden. In Bethlehem waren alle Häuser überfüllt. Endlich hatte ein Wirt Mitleid mit ihnen. »Ihr könnt in meinen Stall gehen«, sagte er. »Der ist wenigstens trocken und warm. Und Stroh, auf dem ihr schlafen könnt, gibt es dort auch.«

Im Stall brachte Maria ihr Kind zur Welt.
Es war ein Junge. Aber das hatte Maria
schon vorher gewusst, denn vor einiger Zeit
war ihr ein Engel erschienen, der hatte es
ihr angekündigt. Dieser Engel hatte ihr auch
gesagt, sie solle den Jungen Jesus nennen.
Maria wickelte Jesus in Tücher und legte
ihn in die Futterkrippe. Das war für das
Neugeborene der beste Platz im Stall.

In der dunklen Nacht waren zur selben Zeit draußen auf der Weide ein paar Hirten, die auf das Vieh aufpassten. Sie lagen und kauerten um ein kleines Feuer, das sie wärmte. Plötzlich wurde es mit einem Mal taghell und warm wie im heißesten Sommer. »Oh weh, was passiert denn jetzt?«, riefen die Hirten voller Angst.

Alle Engel Gottes waren zu ihnen geflogen und stellten sich vor sie hin. Einer der Engel ging zu den Hirten und sprach: »Fürchtet euch nicht! Wir sind gekommen, um euch und eurem Volk eine Freudenbotschaft zu bringen. In Bethlehem ist euch heute der Heiland geboren. Es ist Jesus Christus. Er liegt in einem Stall, in Tücher gewickelt in einer Krippe.«

Als der Engel das gesagt hatte, fingen alle Engel gemeinsam zu singen an:

»Ehre sei Gott in der Höhe! Und Friede auf Erden und den Menschen ein Wohlgefallen!«

Danach verschwanden die Engel.
Und es wurde wieder finster und kalt.
Und die Hirten waren wieder allein.
Aber sie fürchteten sich nicht mehr.
»Wir wollen nach Bethlehem gehen
und sehen, was es mit der Botschaft
der Engel auf sich hat«, sagten sie.

Die Hirten machten sich sofort auf den Weg – und sie fanden den Stall mit Maria und Joseph und dem Jesuskindlein in der Krippe.
Sie berichteten Maria und Joseph, dass ihnen Engel erschienen waren, und alle waren froh und dankten Gott.

Jesus war geboren
und es wurde Weihnachten auf der Welt.